A MES CONCITOYENS

---

# APPEL

## A

# L'OPINION PUBLIQUE

# PROJET DE DÉCLARATION

# D'INDÉPENDANCE

## ET

## DE CONSTITUTION

### DES

## COMMUNES DE FRANCE

## PAR P.-A. LUTZ

> La seule revanche, conforme au respect de l'humanité, que la France puisse prendre sur la Prusse consiste à créer les bases et l'avenir des États-Unis d'Europe. En agissant ainsi elle reste conséquente avec son génie qui la fait reine de la civilisation.

## PARIS

### IMPRIMERIE DE J. CLAYE
RUE SAINT-BENOÎT, 7

1871

# A MES CONCITOYENS

Nous, le peuple des communes de France, en vue d'assurer la régénération de la patrie, écrasée par des revers qui ont leur cause dans notre situation politique depuis 1789, d'établir la justice, d'assurer la sécurité domestique, d'accroître le bien-être général, d'assurer à nous-mêmes et à notre postérité les bienfaits de la liberté, de faciliter le développement du progrès et de fermer l'ère révolutionnaire ; nous établissons la présente déclaration d'indépendance des communes de France.

## ARTICLE PREMIER.

### SECTION UNIQUE.

Une division nouvelle du territoire qui compose la France est nécessaire à l'établissement définitif de la commune sur des bases normales ; en conséquence il sera formé quarante États qui se composeront chacun de deux des départements actuels ; chaque État comprendra vingt cantons, lesquels seront eux-mêmes composés chacun de deux cent cinquante communes.

Chaque commune s'administre elle-même au moyen de fonctionnaires élus.

Les fonctionnaires sont élus pour trois ans; leurs attributions sont rigoureusement déterminées; ils sont personnellement responsables.

Chaque commune est responsable de l'exécution des lois dans son sein.


## ARTICLE II.

### SECTION I.

Tous les pouvoirs législatifs accordés par les communes de France seront confiés à un congrès des États-Unis de France, qui sera composé d'une Chambre haute et d'une Chambre des représentants des Communes.


### SECTION II.

1. La chambre des représentants des communes se composera de mandataires choisis tous les trois ans par le peuple des divers États; les électeurs devront réunir les qualités suivantes : être âgé de vingt-cinq ans, être né en France de parents français ou être naturalisé depuis trois ans, être domicilié au lieu de vote depuis un an et jouir des droits civils.

2. Nul ne pourra être représentant s'il n'a atteint l'âge de vingt-cinq ans, s'il n'est citoyen français et s'il n'habite pas, à l'époque de l'élection, l'État où il aura été nommé.

3. Les représentants ainsi que les taxes directes seront répartis entre les divers États selon le nombre des habitants. Il ne devra pas y avoir plus d'un représentant par 30,000 âmes; mais chaque État aura au moins cinq représentants.

4. Lorsqu'il surviendra une vacance dans la représentation d'un

État, l'autorité exécutive dudit État donnera des ordres d'élection pour remplir ces vacances.

5. La Chambre des représentants choisira son président et ses autres officiers ; elle aura seule le droit de s'ajourner.

### SECTION III.

1. La Chambre haute sera composée de deux membres par chaque État, choisis pour six ans par la législature de chaque État ; chaque membre aura une voix.

2. Aussitôt qu'ils se réuniront, après la première élection, ils seront partagés aussi également que possible en trois classes.

Les siéges des membres de la première classe seront vacants à l'expiration de la deuxième année ; ceux de la deuxième classe, à la fin de la quatrième année ; et ceux de la troisième classe à la fin de la sixième année ; de telle sorte qu'il sera procédé tous les deux ans à l'élection d'un tiers des membres de la Chambre haute. Si, dans l'intervalle des sessions de la législature d'un État, il se produit une vacance par suite de démission, ou autrement, le pouvoir exécutif de cet État pourra faire une nomination temporaire jusqu'à la prochaine réunion de la législature, qui alors remplira la vacance.

3. Nul ne pourra être membre de la Chambre haute s'il n'a atteint l'âge de trente ans, s'il n'est pas citoyen français et si, au moment de son élection, il n'habite pas l'État pour lequel il aura été nommé.

4. Le vice-président de l'Union des communes de France sera président de la Chambre haute, mais ne pourra voter qu'en cas de partage.

5. La Chambre haute choisira ses autres officiers, ainsi qu'un président *pro tempore,* en l'absence du vice-président de l'Union ou dans le cas où ce dernier remplirait les fonctions de président de l'Union des communes de France.

6. La Chambre haute aura seule le droit de juger tous les représentants des communes. Quand elle procédera comme cour de justice, ses membres seront soumis à la simple affirmation. Quand il s'agira de juger le président de l'Union des communes, le grand juge présidera la Chambre haute. Personne ne pourra être condamné sans le concours des deux tiers des membres présents.

7. En cas de culpabilité, le jugement ne pourra prononcer que la destitution et l'incapacité de remplir, sous le gouvernement de l'Union des communes, aucune fonction honorifique, de confiance ou salariée ; mais le condamné n'en restera pas moins sujet à être mis en accusation, examiné, jugé et puni suivant la loi.

### SECTION IV.

1. La législature de chaque État prescrira le temps, le lieu et le mode des élections des membres de la Chambre haute ou des représentants ; mais le congrès pourra toujours, par une loi spéciale, faire ou modifier ces règlements, sauf en ce qui concernera le lieu où devra se faire le choix des membres de la Chambre haute.

2. Le congrès s'assemblera au moins une fois chaque année ; cette réunion aura lieu au jour fixé par une loi du congrès.

### SECTION V.

1. Chaque Chambre vérifiera les pouvoirs et validera l'élection de ses membres ; la majorité de chacune d'elles suffira pour la validité des délibérations ; mais un nombre moindre pourra s'ajourner de jour en jour, et pourra être autorisé à forcer les membres absents de se présenter de la façon et sous telle pénalité que chacune des Chambres jugera convenable d'établir.

2. Chaque Chambre pourra faire son règlement, punir ses membres en cas de désordre et même expulser un membre à la majorité des deux tiers des voix.

3. Les séances seront publiques ; chaque Chambre tiendra un journal de ses séances et le publiera, sauf les parties qu'elle jugera devoir tenir secrètes ; les *oui* et les *non* des membres de chacune d'elles seront consignés au journal, si la cinquième partie des membres présents en exprime le désir.

4. Pendant la session du congrès, aucune des deux Chambres ne pourra, sans le consentement de l'autre, s'ajourner pour plus de trois jours, ni se transporter dans un autre lieu que celui où siégeront les deux Chambres.

## SECTION VI.

1. Les membres de la Chambre haute et les représentants des communes recevront une indemnité qui sera réglée par la loi et payée par le trésor de l'Union des communes. En aucun cas, sauf celui de trahison, de félonie ou violation de la paix, ils ne pourront être arrêtés pendant la durée de la session ni à domicile, ni ailleurs ; ils ne pourront être interpellés dans aucun lieu sinon dans l'une des deux Chambres pour un discours ou un débat en séance.

2. Durant le temps pour lequel il aura été élu, aucun membre de la Chambre haute ou représentant ne pourra être nommé à aucune fonction publique sous l'autorité de l'Union des communes et personne exerçant une fonction publique sous l'autorité de l'Union des communes ne pourra être membre d'aucune des deux Chambres, en continuant à remplir cette fonction.

## SECTION VII.

1. Le congrès ne pourra établir une religion d'État, ni défendre le libre exercice d'une religion, ni restreindre la liberté de la parole ou de la presse, ni le droit qu'a le peuple de s'assembler paisiblement et d'adresser au gouvernement des pétitions pour le redressement de ses griefs.

2. Une milice étant nécessaire à la sécurité d'un État libre,

on ne touchera pas au droit qui appartient au peuple de garder et de porter des armes.

3. Le droit des citoyens d'être assurés en leurs personnes, maisons, papiers et effets contre les perquisitions et saisies ne pourra être violé ; nul mandat ne pourra être délivré que sur cause probable soutenue par serment et il contiendra la description détaillée de l'endroit où devra se faire la perquisition et des personnes ou objets à saisir.

4. Personne ne sera tenu de répondre à l'accusation d'un crime capital ou autre crime infamant, qu'après la dénonciation ou la mise en accusation par un grand jury, sauf les cas qui pourront se présenter dans l'armée, la marine, ou dans la milice, lorsqu'elle est de service actif en temps de paix ou de danger public ; personne ne pourra être exposé deux fois au risque de la vie ou autre condamnation pour le même crime ; ni être forcé en aucun cas criminel de témoigner contre soi-même, ni perdre la vie, la liberté ou les biens sans un procès en due forme ; nulle propriété privée ne pourra être prise pour l'usage public sans une juste compensation.

5. Dans toute poursuite criminelle, l'accusé jouira du droit d'être jugé promptement et publiquement par un jury impartial, pris dans l'État où le crime aura été commis ; il aura le droit d'être informé de la nature et de la cause de l'accusation portée contre lui ; d'être confronté avec les témoins à charge, d'assigner des témoins à décharge et d'être assisté d'un conseil pour sa défense.

### SECTION VIII.

1. Toute loi relative à la levée des impôts devra prendre naissance à la Chambre des représentants ; mais la Chambre haute pourra y proposer ou y voter des amendements, comme aux autres lois.

2. Toute loi qui aura passé à la Chambre des représentants et

à la Chambre haute devra, avant de devenir loi, être présentée au président de l'Union des communes. S'il l'approuve, il la signera ; mais s'il ne l'approuve pas, il la renverra avec ses objections à la Chambre où la loi a commencé ; cette Chambre fera transcrire textuellement les objections du président sur son journal, et procédera à un nouvel examen de cette loi. Si, après ce nouvel examen les deux tiers des membres de cette Chambre sont d'accord pour voter la loi, toujours accompagnée des objections présidentielles, elle sera envoyée à l'autre Chambre, qui l'examinera de même une seconde fois ; et si elle est approuvée par les deux tiers de cette Chambre, elle deviendra définitive. Mais dans tous les cas de ce genre, les deux Chambres voteront par *oui* ou par *non*, et chacune d'elles portera sur son journal le nom des membres qui voteront pour ou contre la loi. Dans le cas où une loi ne serait pas renvoyée par le président dix jours après qu'elle lui aura été présentée (en exceptant les dimanches), la loi sera définitive, comme si le président l'avait signée, à moins que le congrès en s'ajournant n'en empêche le renvoi, auquel cas la loi serait non avenue.

3. Tout ordre, toute résolution ou tout vote qui exige le concours des deux Chambres (à l'exception des questions d'ajournement) devra être présenté au président de l'Union des communes de France et devra être approuvé par lui avant d'avoir effet : en cas de désapprobation de la part du président, il faudra qu'il soit voté de nouveau par les deux tiers de la Chambre haute et de la Chambre des représentants suivant les règles relatives aux lois.

SECTION IX.

Le Congrès aura le pouvoir :

1. D'établir et de lever des taxes, droits, impôts et accises ; de payer les dettes et pourvoir à la défense commune et au bien-être général de l'Union des communes de France ;

2. De faire des emprunts au nom de l'Union des communes ;

d'éteindre la dette actuelle par tous les moyens qu'il jugera les plus propres à assurer ce résultat ;

3. De régler les relations commerciales avec les nations étrangères ;

4. D'établir une règle uniforme de naturalisation ; de réformer la législation commerciale en s'inspirant de cet adage : « Qu'en matière commerciale les conventions font la loi » ;

5. De battre monnaie, d'en régler la valeur ainsi que celles des monnaies étrangères, et de fixer l'étalon des poids et mesures ;

6. D'assurer le châtiment des contrefacteurs des valeurs publiques et de la monnaie de l'Union des communes de France ;

7. D'assurer le service des routes, canaux et chemins de fer ;

8. D'encourager le progrès des sciences et des arts utiles, en garantissant pour un certain temps aux auteurs et aux inventeurs un droit exclusif d'exploitation sur leurs écrits et découvertes ;

9. De constituer des tribunaux inférieurs à la cour suprême ;

10. De définir et châtier les actes de piraterie et de félonie commis en pleine mer, ainsi que des atteintes portées au droit des gens ;

11. De déclarer la guerre, d'accorder des lettres de marque et de représailles et de faire des règlements touchant les prises sur terre et sur mer ;

12. De lever et entretenir des armées. Mais aucune destination de fonds ne pourra être faite pour un temps outre-passant deux ans ;

13. D'entretenir une marine ;

14. De faire des règlements pour l'organisation et l'administration des forces de terre et de mer ;

15. D'appeler, en cas de besoin, la milice sous les armes pour faire exécuter les lois de l'Union, réprimer les insurrections et repousser les invasions ;

16. D'organiser, d'armer et discipliner la milice, et diriger celle qui serait employée au service de l'Union des communes en réser-

vant à chaque État le droit de nommer les officiers de sa milice, et d'exercer celle-ci selon la discipline prescrite par le congrès ;

17. D'exercer exclusivement le pouvoir législatif dans quelque cas que ce soit sur tel district (d'une étendue de 15 kilomètres carrés) qui pourra être choisi par le Congrès pour devenir le siége du gouvernement de l'Union des communes de France, ainsi que sur tout emplacement dès à présent propriété de l'État ou acquis plus tard pour y construire des forts, magasins, arsenaux, chantiers et autres établissements d'utilité publique ;

18. Et de faire toutes les lois qui seront nécessaires et convenables pour mettre à exécution les pouvoirs ci-dessus énumérés, et tous ceux dont la présente constitution investit le gouvernement de l'Union des communes de France, un de ses départements ou de ses officiers.

## SECTION X.

Dans les procès civils où l'objet du litige excédera une valeur de cent francs, le jugement aura lieu par jury et nul fait jugé par un jury ne pourra être réexaminé devant aucune cour de l'Union des communes, si ce n'est conformément aux règles de la procédure civile (à établir).

## SECTION XI.

1. Le privilége d'*habeas corpus* est établi; il ne pourra être suspendu à moins que la société publique ne l'exige, en cas de rébellion ou d'invasion.

2. On ne pourra exiger de cautionnement excessif, ni imposer d'amendes excessives, ni infliger de châtiments cruels ou inusités.

3. Aucune loi de suspicion, aucune loi de rétroactivité ne pourront être décrétées.

4. Aucune capitation, ni autre taxe directe ne pourra être

imposée si ce n'est en proportion du recensement ou dénombrement de chaque État de l'Union des communes.

5. Aucune taxe, aucun droit ne pourra être mis sur les articles exportés d'un État pour un autre État de l'Union des communes.

6. Aucun réglement de commerce ni de revenu ne pourra donner la préférence aux ports d'un des États sur les ports d'un autre; aucun navire parti d'un des États ou à destination de l'un d'eux ne sera obligé d'entrer dans un autre État, d'en sortir, ni d'y acquitter des droits d'aucune espèce.

7. Aucune somme ne sortira du trésor qu'en vertu d'une allocation légale; il sera publié périodiquement un état régulier de toutes les recettes et dépenses publiques.

8. L'Union des communes de France ne conférera aucun titre de noblesse. Aucun fonctionnaire public ne pourra, sans le consentement du congrès, accepter de don, d'émolument, d'emploi ou de titre, quel qu'il soit, de la part d'un roi, d'un prince ou d'un État étranger.

Les titres et marques distinctives existant au moment de la promulgation de la présente constitution prendront fin avec les titulaires actuels.

SECTION XII.

1. Aucun des États de l'Union des communes ne pourra conclure de traité, faire d'alliance ni de confédération, délivrer des lettres de marque et de représailles, frapper monnaie, émettre du papier monnaie, donner cours légal pour le paiement à aucune autre valeur que la monnaie d'or ou d'argent, faire des lois ni porter atteinte aux obligations des contrats, ni conférer des titres de noblesse ou autres marques distinctives.

2. L'énumération de certains droits dans la Constitution ne pourra être interprétée comme une dénégation ou un affaiblissement de la liberté ou des autres droits que le peuple s'est réservés.

Les pouvoirs qui ne sont pas délégués ou réservés à l'Union des communes de France sont réservés aux divers États ou au peuple.


SECTION XIII.


1. Le pouvoir exécutif est conféré à un président de l'Union des communes de France. Il restera en fonctions pendant une période de trois ans et sera élu de la manière suivante en même temps que le vice-président, choisi pour la même période.

2. Chaque État nommera suivant le mode prescrit par sa législature, un nombre d'électeurs égal à la totalité des membres de la Chambre haute et des représentants que l'État a le droit d'envoyer au congrès; mais aucun membre de la Chambre haute ou représentant, ni aucun fonctionnaire de l'Union des communes, ne pourra être nommé électeur.

Les électeurs se réuniront dans leurs États respectifs et voteront au scrutin pour le président et le vice-président, dont l'un au moins ne devra pas habiter dans le même État qu'eux; ils mentionneront sur leur bulletin leur candidat à la présidence, et sur un bulletin différent leur candidat à la vice-présidence; ils dresseront ensuite des listes distinctes contenant le nom de tous les candidats qui auront été portés à la présidence et de tous ceux portés à la vice-présidence et le nombre de voix obtenu par chacun d'eux; ils signeront et certifieront ces listes, et les transmettront cachetées au siége du gouvernement de l'Union des communes de France à l'adresse du président de la Chambre haute. Le président de la Chambre haute ouvrira toutes les listes en présence de la Chambre haute et de la Chambre des représentants des communes de France, et les votes seront alors comptés. Le candidat qui réunira le plus grand nombre de voix pour la présidence sera président, si ce nombre donne la majorité de l'ensemble des électeurs; si personne n'a obtenu cette majorité, la Chambre des représen-

tants choisira immédiatement, au scrutin, le président parmi les
trois candidats ayant obtenu le plus grand nombre de voix pour
la présidence. Mais dans le choix du président les votes seront pris
par États, la représentation de chaque État n'ayant qu'un seul
vote; les deux tiers des États, représentés chacun par un ou plusieurs membres, constitueront le nombre suffisant pour la validité
du vote, mais il faudra la majorité de tous les États pour que le
vote soit valable. Et si lorsque le droit de choisir lui incombera,
la Chambre des représentants ne choisit pas un président avant
le quatrième jour du mois de mars suivant, le vice-président remplira les fonctions de président, comme dans les cas de décès ou
d'incapacité constitutionnelle du président.

La personne ayant réuni le plus grand nombre de voix comme
vice-président sera vice-président, si ce nombre donne la majorité
de l'ensemble des électeurs; si aucun des candidats ne réunit cette
majorité, la Chambre haute choisira le vice-président parmi les deux
candidats qui auront obtenu le plus grand nombre de voix; les
deux tiers des membres de la Chambre haute formeront le nombre
suffisant pour la validité du vote, et la majorité du nombre total
sera nécessaire pour faire l'élection.

Aucune personne qui ne serait pas constitutionnellement éligible
au poste de président ne pourra être élue vice-président de l'Union
des communes de France.

3. Le Congrès peut fixer le temps où l'on choisira les électeurs
et le jour où ceux-ci voteront. Ce jour sera le même dans toute
l'étendue de l'Union des communes de France.

4. Nul ne pourra être élu président de l'Union des communes
de France s'il n'est pas né en France, s'il n'a atteint l'âge de trente-
cinq ans, et s'il ne réside pas en France depuis dix ans au moins.

5. Dans le cas où le président viendrait à être destitué, où il
viendrait à mourir, à donner sa démission, ou à être incapable de
s'acquitter de sa fonction et de ses devoirs, il serait remplacé par
le vice-président. Le Congrès peut, par une loi, pourvoir au cas de

destitution, mort, démission ou incapacité, tant du président que du vice-président, en désignant le fonctionnaire qui remplira les fonctions de président, et cet officier agira comme président jusqu'à ce que l'incapacité ait disparu, ou qu'un nouveau président ait été élu.

6. A des termes fixes, le président recevra en échange de ses services une indemnité qui ne pourra être augmentée ni diminuée pendant toute la période pour laquelle il aura été élu.; cette indemnité ne pourra en aucun cas être supérieure à la somme de 10,000 francs par mois. Pendant cette période, il ne pourra recevoir d'autres émoluments ni de l'Union ni d'aucun des États.

7. Avant d'entrer en charge, le président donnera l'affirmation qui suit :

J'affirme solennellement que je remplirai fidèlement la fonction de président de l'Union des communes de France, et que je ferai de mon mieux pour maintenir, protéger et défendre la constitution de l'Union des communes de France.

SECTION XIII.

1. Le président pourra être commandant en chef de l'armée et de la marine de l'Union des communes et de toute la milice lorsqu'elle sera appelée au service actif de l'Union; il pourra demander l'opinion par écrit du principal officier de chacun des départements exécutifs sur tout sujet relatif aux devoirs de leurs fonctions respectives; il aura le droit d'accorder des commutations et grâces pour les crimes commis envers l'Union.

Il aura le pouvoir de conclure des traités sur et avec l'avis et le consentement de la Chambre haute, pourvu que les deux tiers des membres présents y consentent; il nommera également avec l'avis et le consentement de la Chambre haute les ambassadeurs et autres ministres publics, les consuls, les juges de la cour suprême, et tou les autres fonctionnaires de l'Union des communes, à la nomination desquels il n'est pas autrement pourvu par le présent acte, et dont les emplois seront créés par des lois spéciales; mais le congrès pourra, par une loi, attribuer la nomination des employés inférieurs, quels qu'ils soient, soit au président seul, soit aux cours de justice, soit aux chefs de départements exécutifs.

Le président aura le droit de pourvoir aux vacances qui se présenteront dans l'intervalle des sessions du Sénat en délivrant des commissions qui expireront à la fin de la prochaine session.

SECTION XIV.

1. Le président de l'Union des communes informera mensuellement le Congrès de l'état de l'Union, et recommandera à son examen toutes les mesures qu'il croira convenables et nécessaires. Dans les cas extraordinaires, il pourra convoquer les deux Chambres ou l'une d'elles, et, dans le cas où il y aurait désaccord entre elles au sujet de l'époque de leur ajournement, il pourra fixer lui-même l'époque qui lui paraîtra convenable. Il recevra les ambassadeurs et autres ministres publics; il veillera à la fidèle exécution des lois, et délivrera leurs brevets à tous les fonctionnaires de l'Union.

SECTION XV.

1. Le président, le vice-président et tous les fonctionnaires civils de l'Union seront destitués de leurs fonctions dans le cas où ils seront mis en accusation et convaincus de trahison, concussion ou autres crimes et méfaits.

## ARTICLE III.

### SECTION I.

1. Le pouvoir judiciaire de l'Union des communes sera confié à une cour suprême et à telles cours inférieures que le Congrès jugera nécessaire de créer et d'établir. Les juges de la cour suprême et des cours inférieures conserveront leur poste tant que leur conduite sera bonne, et recevront, à des termes fixés, une indemnité qui ne pourra être augmentée ni diminuée pendant la durée de leurs fonctions.

Aucune indemnité ne pourra être supérieure à la somme de 3,000 francs par mois.

### SECTION II.

1. Le pouvoir judiciaire s'étendra à tous les cas de droit ou d'équité qui naîtront de la présente Constitution, des lois de l'Union des communes, des traités conclus ou à conclure sous leur autorité ; à tous les cas concernant les ambassadeurs et autres ministres publics ou consuls ; à tous les cas d'amirauté et de juridiction maritime ; aux différents dans lesquels l'Union des communes sera partie ; aux contestations entre deux ou plusieurs États, entre un État et des citoyens d'un autre État, entre les citoyens des divers États, entre citoyens du même État, entre un État ou ses citoyens et des États, citoyens ou sujets étrangers.

2. Dans tous les cas concernant les ambassadeurs, ministres publics et consuls, et dans tous ceux où un État sera partie, la cour suprême jugera directement. Dans tous les autres cas mentionnés ci-dessus, la cour suprême aura une juridiction d'appel, tant en droit qu'en fait, sous telles règles et exceptions qui seront faites par le Congrès.

3. Hormis le cas de trahison, tous les crimes seront jugés par un jury, et le jugement se fera dans l'État même où le crime aura été commis; mais lorsqu'il n'aura pas été perpétré dans un des États, le jugement aura lieu à tels ou tels endroits qui seront désignés par une loi du congrès.

### SECTION III.

1. Le crime de trahison envers l'Union des communes de France consistera seulement à susciter une guerre contre elle, à se joindre à ses ennemis, ou à leur donner aide et soutien. Nul ne pourra être convaincu de trahison que sur le témoignage de deux témoins déposant sur le même fait ou sur son propre aveu en séance publique de la cour.

Le congrès aura la faculté de fixer la peine de trahison, mais la condamnation ne pourra emporter corruption du sang ou confiscation que durant la vie de la personne condamnée.

2. Le texte de la loi sera seul la loi pour toutes les lois; il ne pourra être interprété.

## ARTICLE IV.

### SECTION I.

Dans chaque État, il sera ajouté foi entière aux actes publics, procès-verbaux et procédures judiciaires d'un autre État. Le Congrès pourra, par des lois générales, prescrire la manière dont il devra être justifié de ces pièces ou actes et l'effet qu'ils devront avoir.

### SECTION II.

1. Les droits, priviléges et immunités de tous les citoyens de l'Union des communes sont égaux.

2. Tout accusé de trahison, félonie ou autre crime qui échappera à la justice d'un État, et sera trouvé dans un autre, devra, sur la demande de l'autorité exécutive de l'État qu'il a fui, être livré à cet État, et y être reconduit pour y passer en jugement.

## SECTION III.

1. De nouveaux États pourront être admis dans l'Union des communes de France par le Congrès; mais il ne sera formé ou érigé aucun État nouveau sous la juridiction d'un autre; aucun État ne pourra non plus se former par la jonction de deux ou de plusieurs États, ou parties d'État, sans le consentement de la législature des États intéressés aussi bien que du Congrès.

2. Le congrès aura le pouvoir de disposer du territoire ou de toute autre propriété appartenant à l'Union des communes et de faire toutes règles et ordonnances nécessaires à cet égard, et rien dans la présente Constitution ne pourra être interprété de manière à porter atteinte aux droits et priviléges des communes.

## ARTICLE V.

Chaque fois que les deux tiers des deux Chambres le jugeront nécessaire, le Congrès proposera des amendements à la présente Constitution qui seront valables et deviendront partie intégrante de la Constitution lorsqu'ils auront été ratifiés suivant la forme ordinaire des autres lois, pourvu toutefois que nul amendement n'affecte en aucune manière la première et la quatrième clause de la neuvième section du premier article et que nul État ne soit privé de l'égalité de suffrage dans la Chambre haute.

## ARTICLE VI.

La présente Constitution et les lois que l'Union des communes de France se donnera en conséquence, ainsi que tous les traités sous son autorité seront la loi suprême du pays; les juges seront tenus de les observer sans que rien puisse prévaloir contre elle.

Les membres de la Chambre haute, les représentants des communes, les membres des diverses législatures d'États et tous les fonctionnaires exécutifs ou judiciaires s'engageront par affirmation à soutenir la présente Constitution; mais aucune formalité religieuse ne pourra être exigée comme condition d'aptitude pour aucune fonction ou charge publique de l'Union des communes de France.

## ARTICLE VII.

Fait en convention par le consentement unanime des communes de France représentées par leurs mandataires dont les noms suivent.

### RÉSUMÉ SOMMAIRE.

Le sillon révolutionnaire tracé par la Convention en 1793 n'a pas encore reçu de semence; il reste ouvert et n'a rien produit sinon le département, c'est-à-dire le système administratif sous lequel la France succombe plus encore que sous ses revers.

S'il en est temps encore, portons sans hésiter une main hardie contre le vieil édifice qui croule de toutes parts et jetons enfin les bases inébranlables d'une organisation sociale nouvelle sans laquelle notre France est perdue.

Le travail de réédification est moins difficile qu'il apparaît au premier abord. — Notre union politique est puissante, il ne s'agit pas de la détruire, mais, au contraire de la consolider en rejetant sans miséricorde tout ce qui tient au système administratif qui nous comprime, qui nous étouffe depuis soixante-dix-huit ans. — Nous sommes le peuple le moins propre à ce système : notre génie propre l'exclut de nos mœurs.

A l'œuvre, fermons l'ère des révolutions et pour commencer disons :

L'Assemblée nationale est dissoute.

Le peuple est convoqué dans ses comices à l'effet d'élire ses représentants à l'Assemblée nationale constituante. Les élections auront lieu par toute la France le premier dimanche de novembre prochain ou le deuxième dimanche de décembre prochain.

La période électorale commencera avec la publication du présent décret.

Dans le but d'assurer la liberté la plus entière aux élections, l'autorité des préfets, des sous-préfets et des maires restera suspendue pendant toute la période électorale et jusqu'au lendemain du dépouillement du scrutin.

Le vote aura lieu au scrutin secret et par arrondissement. On votera au chef-lieu d'arrondissement.

Les représentants élus se réuniront immédiatement après le dépouillement du scrutin au Palais législatif, à Paris. — Chaque arrondissement nommera un représentant. Les communes urbaines nommeront un représentant par 30,000 habitants.

L'adoption du projet de constitution, que nous soumettons à l'appréciation de nos concitoyens, aurait pour conséquence :

L'intronisation, sans secousses, de la commune, seule base normale des sociétés modernes;

La suppression de religion d'État et du budget des cultes;

La suppression d'armée permanente, suppression dont l'état de nos finances nous fait une loi;

D'assurer l'instruction gratuite et obligatoire sous la responsabilité et aux frais des communes ;

La suppression de toute centralisation administrative, cause d'énervement et de ruine pour notre France ;

La suppression de tout traitement supérieur à trente six mille francs ;

La réforme de la magistrature ;

La création d'un pouvoir judiciaire politique pondérant les pouvoirs législatif et exécutif ;

La réforme de nos Codes ;

La réforme de notre mode actuel de répression ;

L'infusion d'un sang jeune et nouveau dans les artères encore puissantes de notre pays et sa révivification.

Si, au contraire, nous continuons à nous traîner dans l'ornière aux expédients, nous sommes misérablement perdus.

------

LA JUSTICE EST LE PREMIER BESOIN DES PEUPLES. Les sociétés tombent en décadence ; elles sont près de leur ruine dès qu'elles méprisent cet axiome.

------

Les événements terribles que la France vient de subir, les circonstances inouïes qu'elle vient de traverser laisseront un souvenir qui traversera les âges.

Ces événements ont donné lieu à des actes de courage accomplis avec une intrépidité calme et pleine de grandeur, en même temps qu'à des actes de lâcheté odieuse, de persécution révoltante dont le mobile n'a été le plus souvent que la satisfaction d'appétits individuels et de monstrueuses ambitions.

Le 24 septembre dernier le citoyen P.-A. Lutz recevait du ministère des travaux publics, sous la signature de M. Dorian, la mission de se rendre dans l'intérieur pour activer et organiser la défense nationale dans tous les départements non envahis.

Dans la nuit du 24 au 25 septembre, le citoyen P.-A. Lutz fut présenté à l'hôtel de ville aux membres du gouvernement de la défense nationale. — Tous, *sans exception*, étaient présents. — Il fut fêté et *embrassé* par la plupart d'entre eux, et il reçut de plusieurs un certain nombre de lettres pleines de chaleureuses recommandations pour divers préfets.

—

Le citoyen Lutz quitta Paris, qui était complétement investi depuis plusieurs jours, le 25 septembre, à dix heures du matin, au moyen du ballon *la Ville de Florence*. Après un voyage de quatre heures, rendu excessivement périlleux par le mauvais état de l'aérostat et par le manque de courant atmosphérique, il prenait terre à 30 kilomètres de Paris sur la ligne de l'Ouest; il était parti avec ses propres fonds; il n'avait rien demandé ni rien reçu du gouvernement.

Besançon avait été choisi comme base et point de départ des opérations d'organisation de défense nationale. — Le citoyen Lutz s'empressa de s'y rendre en passant par Tours, siège de la délégation du gouvernement, où il fit contresigner par M. Clément Laurier, directeur de cette délégation, les instructions écrites qu'il avait reçues du ministre des travaux publics.

Le citoyen Lutz arriva le 29 septembre à 6 heures du matin à Besançon, où il s'empressa de faire visite à M. Ordinaire, préfet du Doubs, par lequel il fut bien accueilli et logé à l'hôtel même de la préfecture. — Une proclamation aux Bizontins fût rédigée par le citoyen Lutz et contresigné par le préfet.

Conformément aux instructions dont il était porteur, le citoyen

Lutz se mit, sans retard, en relation avec le comité de défense nationale qu'il trouva institué à Besançon, et dès le jour de son arrivée, une première réunion eut lieu dans l'une des pièces de la préfecture. — Les travaux de ce comité ont été extrêmement sérieux ; leur résultat devait empêcher l'entrée des Prussiens dans l'Est par la TROUÉE de BELFORT. — Un plan de défense de cette trouée avait été élaboré au sein du comité; il s'appuyait sur les quatre places fortes de BESANÇON, BELFORT, LANGRES et AUXONNE. Il se complétait par quelques travaux stratégiques, et sa réalisation pouvait être obtenue au moyen des troupes alors disponibles dans la 7ᵉ division militaire commandée par le général DE PRÉMONVILLE.

ICI commence une série de persécutions inouïes qui vont faire l'objet de questions; nous avons la conviction que l'opinion publique, notre souverain juge à tous, exigera des réponses qui contribueront à faire obtenir au citoyen P.-A. Lutz justice de ces persécutions odieuses, ou qui tourneront à la confusion de ce citoyen si, d'une manière quelconque, il a justifié lui-même les actes accomplis contre lui.

POURQUOI le préfet du Doubs, M. Ordinaire, fit-il arrêter le citoyen Lutz à l'hôtel de la préfecture, *où il était l'hôte du préfet,* le dimanche 2 octobre, à 7 heures du matin, au moyen d'un peloton composé de cinquante hommes de la mobile, commandés par un capitaine, un adjudant, et appuyé par *deux gendarmes ?*

POURQUOI le préfet du Doubs fit-il incarcérer le citoyen Lutz à la prison militaire de la citadelle de Besançon?

POURQUOI ce préfet a-t-il détenu ce citoyen pendant quatorze jours au secret le plus rigoureux?

Une enquête a été ordonnée par le préfet du Doubs, M. Ordinaire, sur la personne et les actes du citoyen Lutz ; il y a commis le commissaire central de Besançon ; cette enquête, longue et minutieuse, était en dernier lieu entre les mains de M. Ranc, directeur de la sûreté publique à Tours ; POURQUOI, malgré les plus vives et les plus pressantes instances du citoyen Lutz, cette enquête n'a-t-elle pas été livrée à la publicité?

POURQUOI le préfet du Doubs, M. Ordinaire, au lieu de remettre le citoyen Lutz purement et simplement en liberté, le remit-il, après quatorze jours de détention, entre les mains de deux gendarmes qui le conduisirent comme un criminel de BESANÇON à NEVERS où il fût laissé libre dans la gare avec interdiction de rentrer dans le département du Doubs et même dans la 7ᵉ division militaire?

POURQUOI, en faisant arrêter arbitrairement et illégalement le citoyen Lutz, le préfet du Doubs s'est-il emparé de ses papiers en même temps que de ceux du comité de défense nationale de Besançon, *et notamment du plan de défense de la trouée de Belfort?* Ce plan, par suite des actes dudit préfet, n'a pu être réalisé, *et les* PRUSSIENS *sont* entrés dans l'Est par la trouée de Belfort ! ! !

POURQUOI le citoyen Lutz n'a-t-il pu obtenir à Tours aucune espèce de justice contre les actes odieux qui viennent d'être relatés?

POURQUOI le ministre délégué à la guerre a-t-il nommé le citoyen Lutz au commandement d'un corps franc à former à Lyon aux frais du département du Rhône? Cette nomination, qui porte la date du 25 octobre 1870, est signée, ainsi que les ordres relatifs à la formation, par le général de Loverdo, pour le ministre de la guerre et par son ordre.

POURQUOI, dans l'ordre de formation dudit corps franc, est-il dit que le citoyen Lutz choisira lui-même les hommes et les officiers de ce corps, qu'il devra le pourvoir de fusils Remington dont l'administration de la guerre lui remboursera le prix, et qu'il est autorisé à toutes les réquisitions qui lui paraîtront nécessaires ?

Pourquoi le préfet du Rhône, M. Challemel-Lacour, qui avait paru de prime-abord disposé à se conformer aux ordres de la guerre dont le citoyen Lutz était porteur, s'est-il ensuite, par tous les moyens les plus mesquins et les plus méprisables, opposé à la réalisation desdits ordres?

Pourquoi ce préfet a-t-il violemment résilié un marché qu'il avait passé au profit du corps à former par le citoyen Lutz? *Pourquoi* s'est-il opposé à la délivrance de fonds pour la solde des officiers choisis par le citoyen Lutz, conformément aux ordres de la guerre? Pourquoi ce même préfet a-t-il forcé le citoyen Lutz à rembourser de ses deniers les avances de solde faites auxdits officiers? Pourquoi l'a-t-il fait accuser par un homme mal famé de détournements de fonds? Pourquoi l'homme en question a-t-il été nommé secrétaire du commissaire de police aux délégations judiciaires?

Pourquoi le préfet du Rhône, M. Challemel-Lacour, (critique de théâtres, *Revue des Deux Mondes*), a-t-il fait accuser le citoyen Lutz d'avoir fait exécuter le commandant Arnaud?

Pourquoi ce même préfet a-t-il délivré lui-même un mandat d'arrêt contre le citoyen Lutz, alors que cette affaire Arnaud était entre les mains du procureur général de la république?

Pourquoi le secrétaire de la préfecture du Rhône a-t-il fait dire par les journaux de Lyon, ce qui a été répété par ceux de la Suisse et de la Belgique, que le citoyen Lutz avait été condamné en police correctionnelle pour détournement de fonds de l'État, condamnation qui était impossible à moins de *prévarication,* le citoyen Lutz étant officier supérieur, nommé par la guerre, et les faits, des faits militaires?

*Pourquoi* la préfecture du Rhône a-t-elle payé 25 francs pièce les 10,000 fusils de Schaffouse qui avaient été offerts par l'intermédiaire de M. Mercier (19, route de Carouge à Genève) à 12 francs pièce ?

*Pourquoi* les vêtements des hommes des légions de marche du Rhône ont-ils été confectionnnés au moyen d'étoffes *recardées?* Pourquoi payait-on *cent* francs ce que de sérieux négociants offraient de faire et de livrer à 59 fr. 75 c.?

Pourquoi a-t-on chaussé les hommes de ces légions avec des souliers à semelles collées?

Quelles explications la préfecture du Rhône peut-elle fournir sur l'affaire des 43,000 fusils Enfielhd dont le prix est de 45 francs pièce et qui auraient été payés 97 francs pièce?

Un rapport, qui comprend *in extenso* l'objet de toutes les questions qui précèdent, a été remis à MM. Dufaure, ministre de la justice, J. Grévy, président de l'Assemblée nationale, Dorian, Emmanuel Arago et à plusieurs autres députés, sans que jusqu'ici le citoyen P.-A. Lutz ait pu obtenir aucune espèce de justice, ni même une marque d'attention. — C'est en désespoir de cause qu'il a recours à l'opinion publique, notre souverain juge à tous, de laquelle il attend avec la plus entière confiance *bonne et prompte justice.*

P.-A. LUTZ.

IMPRIMERIE J. CLAYE
RUE SAINT-BENOIT 7
LABOR
PARIS